Riccardo Allievi

GLI ORGANISMI DI MEDIAZIONE E GLI ENTI DI FORMAZIONE

Sommario

3

1 – IL DECRETO MINISTERIALE 18.10.10 n. 180

In data 5 novembre 2010 è entrato in vigore il decreto ministeriale del 18 ottobre 2010 n. 180, pubblicato il 4 novembre 2010.

Il suddetto decreto fissa i criteri e le modalità sia per l'iscrizione sia per la tenuta del registro degli organismi di mediazione, l'elenco dei formatori nei corsi per diventare mediatore e le indennità che spettano agli organismi di mediazione come compenso per tutto il procedimento, così come previsto dal comma 2 dell'art. 6 del Decreto Legislativo n. 28 del 2010.

Prima dell'emanazione del decreto ministeriale tutti i criteri e le regole suddette erano regolati dai decreti ministeriali 222 e 223 del 2004 e dal decreto dirigenziale del 24 luglio 2006.

Con l'entrata in vigore del decreto ministeriale n. 180 del 2010 viene ufficialmente istituito l'albo dei formatori e vengono modificati i criteri e le modalità di iscrizione nel registro tenuto presso il ministero degli organismi di mediazione e le relative indennità spettanti.

Nel Capo I all'art. 1 del decreto vengono fornite le definizioni relative alla mediazione.

Sostanzialmente restano invariate rispetto a quanto previsto nel Decreto Legislativo 28/2010.

La mediazione viene considerata come quella attività svolta da un terzo imparziale finalizzata ad assistere due o più soggetti sia nella ricerca di un accordo amichevole per la composizione della controversia che è sorta, sia nella formulazione di una proposta per risolverla.

Il mediatore è quella persona che svolge la mediazione che rimane comunque priva del potere di dare giudizi e decisioni che siano vincolanti per le parti.

La conciliazione è invece la composizione della controversia a seguito dello svolgimento della mediazione.

Vengono poi fornite diverse definizioni che qui si elencano:

- Regolamento: l'atto, adottato dall'organismo, che contiene l'autonoma disciplina della procedura di mediazione;

- Indennità: l'importo a carico delle parti per la fruizione del servizio offerto dagli organismi;

- Registro: è il registro degli organismi di mediazione che è tenuto presso il Ministero di Giustizia;

- Responsabile: colui che è responsabile della tenuta del registro e dell'elenco;

- Formatore: la persona che svolge attività di docenza nei corsi per diventare mediatore;

- Enti di formazione: sono quegli enti sia pubblici sia privati presso i quali si svolge la formazione dei futuri mediatori;

- Responsabile scientifico: sono quelle persone, di chiara fama in materia di mediazione, che devono attestare la completezza e l'adeguatezza del percorso formativo dei mediatori e verificare i requisiti di qualificazione dei formatori;

8

- Elenco: è l'elenco degli enti di formazione tenuto presso il Ministero;

- Ente pubblico: è la persona giuridica di diritto pubblico interno, comunitario, internazionale o straniero;

- Ente privato: ogni soggetto di diritto privato, diverso dalla persona fisica;

- CCIAA: le camere di commercio, industria e artigianato.

.

2 - GLI ORGANISMI DI MEDIAZIONE

Il Capo II all'art. 3 istituisce il Registro degli organismi che sono abilitati a svolgere la mediazione.

Sono previste le seguenti annotazioni:

parte i): enti pubblici;

sezione A: elenco dei mediatori;

sezione B: elenco dei mediatori esperti in materia internazionale;

sezione C: elenco dei mediatori esperti nella materia dei rapporti di consumo;

parte ii): enti privati;

sezione A: elenco dei mediatori;

11

sezione B: elenco dei mediatori esperti nella materia

internazionale;

sezione C: elenco dei mediatori esperti nella materia dei

rapporti di consumo;

sezione D: elenco dei soci, associati, amministratori,

rappresentanti degli organismi.

Gli elenchi dei mediatori sono pubblici.

L'articolo 4 definisce i criteri per l'iscrizione nel registro

degli organismi di mediazione pubblici e privati.

Il Decreto prevede che per potersi iscrivere gli organismi

debbano possedere i seguenti requisiti:

1) Un capitale sociale non inferiore a quello per

costituire una società a responsabilità limitata,

cioè 10.000 euro. Il richiedente deve poter

dimostrare di svolgere la propria attività di

mediazione in almeno due regioni italiane o due province della stessa regione;

2) Una polizza assicurativa con un massimale non inferiore a 500.000 euro per la responsabilità che può derivare dallo svolgimento dell'attività di mediazione;

3) I requisiti di onorabilità dei soci, degli associati, degli amministratori che siano conformi a quanto stabilito dall'art. 13 del Decreto Legislativo del 24 febbraio 1998, n. 58;

4) E' necessaria la trasparenza amministrativa e contabile dell'organismo di mediazione, compreso il rapporto giuridico ed economico tra l'organismo e l'ente di cui eventualmente costituisca articolazione interna al fine della

dimostrazione della necessaria autonomia finanziaria e funzionale;

5) Bisogna dare garanzie di indipendenza, imparzialità e riservatezza nello svolgimento del servizio di mediazione;

6) Un numero di mediatori, non inferiori a cinque, che hanno dato disponibilità a svolgere le funzioni di mediazione presso l'organismo stesso;

7) La sede dell'organismo.

3 – I REQUISITI DEL MEDIATORE

Il comma 3 dell'articolo 4 del Decreto Ministeriale chiarisce che il responsabile della tenuta del registro e dell'elenco deve verificare che siano iscritti i mediatori che:

1) Siano in possesso di un titolo di studio non inferiore al diploma di laurea universitaria triennale ovvero, in alternativa, devono essere iscritti ad un ordine o collegio professionale;

2) Siano in possesso di una specifica formazione e di uno specifico aggiornamento almeno biennale, acquisiti presso gli enti di formazione in base

15

all'articolo 18 oppure che abbiano seguito un corso formativo della durata complessiva non inferiore a 50 ore e un distinto percorso di aggiornamento formativo di durata complessiva non inferiore a 18 ore biennali.

I mediatori devono anche possedere i requisiti di onorabilità e cioè:

1) Non avere riportato condanne definitive per delitti non colposi o a pena detentiva non sospesa;

2) Non essere incorso nell'interdizione perpetua o temporanea dai pubblici uffici;

3) Non essere stato sottoposto a misure di prevenzione o di sicurezza;

4) Non avere riportato sanzioni disciplinari diverse dall'avvertimento;

5) La documentazione idonea a comprovare le conoscenze linguistiche necessarie per i mediatori che intendono iscriversi negli elenchi dei mediatori esperti in materia internazionale.

4 – IL COMPENSO DELLA MEDIAZIONE

Il Decreto Ministeriale al Capo IV articolo 16 definisce i criteri per determinare l'indennità spettante all'organismo di mediazione, comprensiva sia delle spese di avvio del procedimento sia le spese di mediazione.

Per le spese di avvio è previsto un compenso di 40 euro che deve essere versato da ogni parte nel momento del deposito della domanda di mediazione, per la parte depositante, mentre per l'altra parte nel momento della sua adesione al procedimento.

Le spese di mediazione, per ciascuna parte, invece sono

suddivise secondo i seguenti scaglioni, considerando il

valore della lite:

1) Fino a 1.000 euro: 65 euro;

2) Da 1.001 euro fino a 5.000 euro: 130 euro;

3) Da 5.001 euro fino a 10.000 euro: 240 euro;

4) Da 10.001 euro fino a 25.000 euro: 360 euro;

5) Da 25.001 euro fino a 50.000 euro: 600 euro;

6) Da 50.001 euro fino a 250.000 euro: 1.000 euro;

7) Da 250.001 euro fino a 500.000 euro: 2.000 euro;

8) Da 500.001 euro fino a 2.500.000 euro: 3.800 euro;

9) Da 2.500.001 euro fino a 5.000.000 euro: 5.200 euro;

10) Oltre 5.000.000 euro: 9.200 euro.

L'importo massimo delle spese di mediazione sopra

indicate per ogni scaglione:

a) Può essere aumentato in misura non superiore a un quinto tenuto conto della particolare importanza, complessità o difficoltà dell'affare;

b) Deve essere aumentato in misura non superiore a un quinto in caso di successo della mediazione;

c) Deve essere aumentato di un quinto nel caso di formulazione della proposta ai sensi dell'articolo 11 del decreto legislativo 28/2010;

d) Deve essere ridotto di un terzo nelle materie di cui all'articolo 5, comma 1, del decreto legislativo 28/2010;

e) Deve essere ridotto di un terzo quando nessuna delle controparti di quella che ha introdotto la mediazione partecipa al procedimento.

Il valore della lite è indicato nella domanda di mediazione secondo quanto previsto dal codice di proceduta civile.

Se lo stesso dovesse risultare indeterminato o indeterminabile allora sarà l'organismo di mediazione che deciderà il valore e provvederà a comunicarlo alle parti.

Le spese di mediazione vengono corrisposte da ciascuna parte, in misura non inferiore alla metà, prima dell'inizio del primo incontro di mediazione e comprendono anche l'onorario del mediatore.

Queste spese rimangono fisse sia in caso di cambio del mediatore designato, sia in caso di nomina di più mediatori o nomina di un mediatore diverso per la formulazione della proposta di mediazione prevista dall'articolo 11 del Decreto Legislativo 28/2010.

Le spese sono dovute in solido da ciascuna parte che ha aderito al procedimento di mediazione e, se ogni parte è formata da più soggetti, si considera come singola parte quella rappresentativa di un unico centro di interessi.

5 – ENTI DI FORMAZIONE E FORMATORI

Il Capo V del decreto ministeriale fissa i criteri per la costituzione degli enti di formazione e i requisiti che devono avere i formatori.

All'articolo 17 viene istituito l'elenco degli enti di formazione abilitati a svolgere l'attività di formazione dei mediatori.

Tale elenco è tenuto presso il Ministero nell'ambito delle risorse umane, finanziarie e strumentali, che sono già esistenti presso il Dipartimento per gli affari di giustizia.

L'elenco è articolato per avere al suo interno almeno le

seguenti annotazioni:

parte i): enti pubblici;

sezione A: elenco dei formatori;

sezione B: elenco dei responsabili scientifici;

parte ii): enti privati;

sezione A: elenco dei formatori;

sezione B: elenco dei responsabili scientifici;

sezione C: elenco dei soci, associati, amministratori,

rappresentanti degli enti.

L'articolo 18 del decreto ministeriale fissa i criteri che

devono avere gli enti per poter essere iscritti negli elenchi

degli enti di formazione:

a) Capitale sociale non inferiore a quello la cui

sottoscrizione è necessaria alla costituzione di una

società a responsabilità limitata e cioè 10.000

euro;

b) I soci, gli associati e gli amministratori devono

avere i requisiti di onorabilità fissati all'articolo

13 del decreto legislativo del 24 febbraio 1998, n.

58;

c) L'ente deve avere trasparenza sia amministrativa

sia contabile;

d) Devono esserci almeno cinque formatori che

svolgano l'attività presso l'ente;

e) Deve essere previsto un formativo per gli

aspiranti mediatori non inferiore alle 50 ore, sia

teorico sia pratico, con massimo trenta

partecipanti, comprensivo di una prova finale

della durata minima di quattro ore;

f) Deve essere previsto un distinto percorso di aggiornamento formativo della durata complessiva non inferiore a 18 ore;

g) Devono comunicare le informazioni circa i corsi delle suddette lettere e) ed f) mediante comunicazione sul sito internet dell'ente;

h) Deve essere individuato un responsabile scientifico, con chiara fama ed esperienza nel campo della mediazione, che possa attestare la completezza e l'adeguatezza del percorso formativo e di aggiornamento.

Il responsabile scientifico ha anche il compito di verificare che i formatori abbiamo gli idonei requisiti di qualificazione, oltre ai requisiti di onorabilità previsti dall'articolo 4, comma 3, lettera c).

In particolare per i formatori dei corsi teorici i requisiti di qualificazione sono i seguenti:

1) Aver pubblicato almeno tre contributi scientifici in materia di mediazione, conciliazione e risoluzione alternativa delle controversie;

2) Aver svolto attività di docenza in corsi o seminari in materia di mediazione, conciliazione o risoluzione alternativa delle controversie presso ordini professionali, enti pubblici o loro organi, università pubbliche o private riconosciute, nazionali o straniere;

3) Impegnarsi a partecipare in qualità di discente presso gli stessi enti di formazione ad almeno 16 ore di aggiornamento nel corso di un biennio.

I formatori di corsi pratici invece devono avere i seguenti requisiti:

1) Aver operato, in qualità di mediatore, presso organismi di mediazione o conciliazione in almeno tre procedure;

2) Aver svolto attività di docenza in corsi o seminari in materia di mediazione, conciliazione o risoluzione alternativa delle controversie presso ordini professionali, enti pubblici o loro organi, università pubbliche o private riconosciute, nazionali o straniere;

3) Impegnarsi a partecipare in qualità di discente presso gli stessi enti di formazione ad almeno 16 ore di aggiornamento nel corso di un biennio.

L'autore

Riccardo Allievi (1980) è un dottore commercialista, revisore legale e mediatore civile. Titolare dello Studio Allievi (www.studioallievi.com) che opera nel campo della consulenza amministrativa e fiscale per le piccole e medie imprese. Laureato con il massimo dei voti in Economia e Legislazione delle imprese presso l'Università Commerciale Luigi Bocconi, ha conseguito un Master in Finanza Aziendale. E' autore di numerosi contributi scientifici in materia di mediazione.

www.ingramcontent.com/pod-product-compliance
Lightning Source LLC
Chambersburg PA
CBHW071556170526
45166CB00004B/1696